Inhalt

Vivendi - Global Player unter Erfolgsdruck

Kernthesen

Beitrag

Fallbeispiele

Weiterführende Literatur

Impressum

Vivendi - Global Player unter Erfolgsdruck

M.Sydow

Kernthesen

- Vivendi Universal muss seine strategische Ausrichtung neu formulieren, um langfristig wettbewerbsfähig und vor allem kreditwürdig zu bleiben. (4), (9), (16), (17)
- Im Zuge der Veräußerung von Aktiva zur Schuldentilgung und personeller Veränderungen zeigen sich politische Interessen und nationale Bedenken. (8), (9)
- Parallelen zu anderen Giganten der Medienbranche wie AOL Time Warner etc. sind nicht zu übersehen bis auf Bertelsmann wurden überall Verluste verzeichnet. (2), (5), (6)

Beitrag

Hintergrund

Der ursprüngliche französische Wasserversorger Vivendi hat sich in den letzten Jahren durch weitreichende Akquisitionen zu einem Multi entwickelt. Er ist neben der Wasserversorgung in den Branchen TV & Film, Musik, Verlage, Telekommunikation und Internet aktiv und verbuchte im Jahr 2001 einen Umsatz von 57,4 Milliarden Euro. Damit ist Vivendi auch der zweitgrößte Medienkonzern der Welt nach AOL Time Warner. (15)

Vivendi Universal steht jedoch zunehmend unter Druck. Schlechte Zahlen im Jahr 2001 mit einem Jahresfehlbetrag von 13,6 Milliarden Euro, ein Verlust von 17 Milliarden Euro im ersten Quartal 2002 sowie Schulden von ungefähr 35 Milliarden Euro belasten die Konzernführung unter Jean-Marie Messier. Unklar ist zudem, wie hoch die nicht in der Bilanz enthaltenen Zahlungsverpflichtungen sind. (6), (17)

Für Aufsehen sorgte ebenfalls die Herabstufung der Kreditwürdigkeiten durch zwei der führenden Rating-Agenturen Moodys Investors Service und Standard &

Poors. Falls diese die Verbindlichkeiten Vivendis auf den Rang von junk-bonds herabstufen sollten, hätte das Unternehmen sichtliche Probleme mit der Kreditaufnahme. (9), (11), (15)

Strategie

Eine Trennung der Sparten Medien, Telekom und Versorgung und somit eine Zerschlagung des Mischkonzerns Vivendi Universal steht in der Diskussion. Insbesondere deswegen, weil auch der Verwaltungsrat die ursprüngliche Strategie der Konvergenz zwischen Inhalten (Filme und Musik) und dem technischen Apparat (Telefon und Internet) als fehlgeschlagen einstuft. Daher bietet sich eine Neuformulierung der Konzernstrategie an. Vorläufig strebt Vivendi eventuell die Veräußerung nichtstrategischer Aktiva an. Falls es doch zu einer Zerschlagung kommen sollte, sind bereits verschiedene Varianten in der Diskussion. Canal plus könnte an ein französisches Unternehmen verkauft werden und der Rest des Konzerns in zwei Teile zerschlagen werden. Der Versorgungsteil und die Telekommunikationssparte würden in französischer Hand bleiben und die amerikanischen Aktionäre könnten das Mediengeschäft übernehmen. (16), (17)

Um dem dramatischen Kursrutsch der Vivendi Aktie entgegenzuwirken ist für die nächste Zeit ein Sparprogramm geplant, d. h. größere Akquisitionen werden verschoben, die Schulden werden abgebaut und verlustreiche Sparten wie das Internet und Canal plus werden restrukturiert. Kritiker Messiers beanstanden trotzdem das Fehlen einer Strategie und werfen ihm einen wahllosen An- und Verkauf von Unternehmen und Anteilen vor. Messier wurde jedoch vom erweiterten Vorstand in seinem Amt bestätigt. (4), (14), (17)

Fernsehen

Im Bereich des Digital-Fernsehens kam es zu einer Vermengung wirtschaftlicher und politischer Interessen. Nach der Entlassung des Präsidenten von Canal plus, Pierre Lescure, und der Berufung von Xavier Couture zum neuen Chef durch Messier persönlich, wurde sowohl die Kinoindustrie, welche bisher den Löwenanteil ihrer Mittel von Canal plus bezogen hat, als auch die Politik unruhig. Diese fürchtet eine Amerikanisierung der französischen Fernsehlandschaft. Die Konzernführung bestätigte jedoch, dass alle bisher von Canal plus eingegangenen Verpflichtungen auch in Zukunft eingehalten werden. (8), (14), (16)

Zu erwähnen ist, dass nach französischem Rundfunkrecht Canal plus die Lizenz verlieren könnte, wenn sich die Struktur des Gesellschaftskapitals, das Management oder die Finanzierung wesentlich verändern. (15)

Wassermarkt

Die in der Sparte Wasser- und Umwelttechnik noch bestehende Mehrheit bei der Tochter Vivendi Environment sollte von rund 63 Prozent auf knapp über 40 Prozent gedrückt werden. Dies ist durch einen Verkauf von 12,7 Prozent der Wassersparte an die Deutsche Bank teilweise geschehen. Die Schulden der Tochtergesellschaft in Höhe von 14 Milliarden Euro werden dadurch mit 1,7 Milliarden Euro getilgt. Bei der Veräußerung könnten sich durch Proteste von Seiten französischer Bürgermeister jedoch Schwierigkeiten ergeben. Diese stufen eine mögliche Wasserversorgung aus nicht französischer Hand als bedenklich ein. (9)

Vivendi Water Deutschland und Österreich plant einen Einstieg in den österreichischen Wassermarkt, mit dem Ziel Wasser- und Abwasseranlagen für Industrie und Gemeinden zu betreiben. Der Focus soll jedoch im Bereich der Dienstleistung und dem Knowhow-Verkauf liegen, d. h. größere Akquisitionen oder Bauvorhaben sind nicht vorgesehen. Zudem besteht keine wirkliche Konkurrenz in diesem Markt und der Bedarf an Know-how ist vorhanden. Bisher konnten allerdings nur Kontakte zur Industrie hergestellt werden, die Gemeinden sperrten sich noch. (7), (10)

Fallbeispiele

Die Großen der Medienbranche wie AOL Time Warner, Disney, Viacom und News Corp. mussten bis auf Bertelsmann, alle Verluste verzeichnen. Trotzdem hat die News Corp. nach einem anfänglich geplatzten Deal für 1,2 Milliarden Euro die italienische Pay-TV-Tochter Telepiu von Vivendi Universal gekauft. Für einen endgültigen Vorvertrag ist jedoch noch die Entscheidung der Kartellbehörden abzuwarten. Zudem ist die von Rupert Murdoch erwartete Unterstützung italienischer Großbanken zur Finanzierung noch ungewiss. (12), (18)

Nach Vivendi will auch Bertelsmann seine Fachverlagsgruppe Bertelsmann Springer abstoßen. Eine mögliche Trennung könnte durch Verkauf,

Fusion oder ein Management-Buy-Out erfolgen. Die Investment-Fonds Cinven und Carlyle, welche bereits die Verlagssparte von Vivendi Universal für 1,2 Milliarden Euro erworben haben, stellen potentielle Käufer dar. Grund für die Veräußerungen ist das äußerst schlecht ausgefallene letzte Geschäftsjahr in der Branche. (5)

Die Rekord-Wertberichtigung von 54 Milliarden Dollar im ersten Quartal 2002 bei AOL Time Warner ist ein Zeichen für die Schwierigkeiten, vor denen die Medienbranche zurzeit steht. Gründe für die hohen Verluste liegen ähnlich wie bei Vivendi Universal oder Disney speziell in dem Kauf von Internet-Firmen, die keinerlei Gewinnchancen hatten. (2)

Das gemeinsam von Vodafone und Vivendi Universal betriebene mobile Internetportal Vizzavi musste im vergangenen Jahr Verluste von 290 Millionen Euro hinnehmen. Vivendi plant aufgrund der schlechten Umsatzlage die bereits Anfang des Jahres ausgehandelte Umsatzverteilung neu zu verhandeln. Nach diesem neu erstellten Geschäftsmodell sollten Inhalte wie Musik, Klingeltöne, Horoskope oder Handylogos einen Großteil des Umsatzes verbuchen und somit Vivendi als Content Provider Gewinne bringen. Erlöse lassen sich bisher allerdings nur aus dem Versand von Kurzmitteilungen erwirtschaften, von denen allerdings nur fünf Prozent in das gemeinsame Joint Venture fließen. (3)

Weiterführende Literatur

(1) Globaler denn je
aus ENTSORGA MAGAZIN Nr. 05 vom 07.05.2002
Seite 038

(2) Falsch verbunden
aus brand eins, Heft 5/2002, S. 25-31

(3) Vivendi fordert besseren Vertrag von Vodafone
Medienkonzern sieht sich bei Joint Venture Vizzavi
als Verlierer
aus FTD Financial Times Deutschland vom 11.06.2002,
Seite 6

(4) Verwaltungsrat stützt Chef von Vivendi Universal,
Die Welt, 27.06.2002, S. 14
aus FTD Financial Times Deutschland vom 11.06.2002,
Seite 6

(5) Bertelsmann will sich von seinen Fachverlagen
trennen
aus Frankfurter Allgemeine Zeitung, 18.06.2002, Nr. 138, S. 16

(6) Ein schwarzes Jahr für Frankreichs einstige
Champions
aus Frankfurter Allgemeine Zeitung, 16.04.2002, Nr. 88,
S. 26

(7) Kainrath, Verena, Wasser: Vivendi drängt nach Österreich, Weltgrösster Wasserkonzern will Industrie und Kommunen Wasser- Dienstleistungen bieten, WirtschaftsBlatt, 25.04.2002, S. A6
aus Frankfurter Allgemeine Zeitung, 16.04.2002, Nr. 88, S. 26

(8) Reitmeier, Ruth, Frankreich: Machtkampf bei Vivendi-Konzern, Entlassung von Canal Plus-Chef löst Welle der Empörung aus. Die Rundfunkbehörde verlangt Aufklärung, WirtschaftsBlatt, 18.04.2002, S. A10
aus Frankfurter Allgemeine Zeitung, 16.04.2002, Nr. 88, S. 26

(9) Frankreich: Vivendi zieht sich aus dem Wasser-Geschäft zurück Erlöse sind für den Schuldenabbau vorgesehen
aus WirtschaftsBlatt, 19.06.2002, Nr. 1645, S. A10

(10) Vivendi bietet um Zistersdorf mit Kein Rückzug aus dem Wassergeschäft geplant
aus WirtschaftsBlatt, 26.06.2002, Nr. 1650, S. A25

(11) Katerstimmung in den Konzernzentralen
aus HORIZONT 21 vom 23.05.2002 Seite 036

(12) Vivendi lässt Fusion platzen
aus HORIZONT 21 vom 23.05.2002 Seite 012

(13) Bertelsmann und andere Global Player AOL TW, Vivendi Universal, Disney, Viacom, Bertelsmann,

News Corp., medien aktuell, 06.05.2002, S. 12
aus HORIZONT 21 vom 23.05.2002 Seite 012

(14) Messier siegt mit Vorbehalt
aus HORIZONT 18 vom 02.05.2002 Seite 012

(15) Die französische Revolution grüßt
aus HORIZONT 17 vom 25.04.2002 Seite 012

(16) Um Vivendi Universal ranken sich viele Gerüchte
Aktienmarkt wartet mit Ungeduld auf eine neue
Strategie - Gedankenspiele über Aufspaltung des
Konzerns
aus Börsen-Zeitung, 23.05.2002, Nummer 97, Seite 13

(17) Messiers Scherbenhaufen
aus Frankfurter Allgemeine Zeitung, 26.06.2002, Nr. 145, S. 26

(18) News corp. kauft Telepiu für 1,5 Mrd. Euro, Vivendi Universal/Canal+ zieht sich aus Italien zurück, medien aktuell, 13.06.2002, S. 1
aus Frankfurter Allgemeine Zeitung, 26.06.2002, Nr. 145, S. 26

Impressum

Vivendi - Global Player unter Erfolgsdruck

Bibliografische Information der deutschen Nationalbibliothek

Die Deutsche Nationalbibliothek verzeichnet diese Publikation in der deutschen Nationalbibliografie; detaillierte bibliografische Daten sind im Internet über http://dnb.d-nb.de abrufbar.

ISBN: 978-3-7379-1177-1

© 2015 GBI-Genios Deutsche Wirtschaftsdatenbank GmbH, Freischützstraße 96, 81927 München, www.genios.de

Alle Rechte vorbehalten. Dieses Werk ist einschließlich aller seiner Teile – z.B. Texte, Tabellen und Grafiken - urheberrechtlich geschützt. Jede Verwertung außerhalb der Grenzen des Urheberrechtsgesetzes bedarf der vorherigen Zustimmung des Verlags. Dies gilt insbesondere auch für auszugsweise Nachdrucke, fotomechanische Vervielfältigungen (Fotokopie/Mikroskopie), Übersetzungen, Auswertungen durch Datenbanken oder ähnliche Einrichtungen und die Einspeicherung und Verarbeitung in elektronischen Systemen.